This Book Belongs To:

_____

Copyright © 2018 by Avis J. Williams

All rights reserved. No part of this publication may be reproduced, distributed, or transmitted in any form or by any means, including photocopying, photographic, recording, or other electronic or mechanical methods, including information storage and retrieval system without prior written permission of the author or publisher except in the case of brief quotations embodied in articles and reviews.

Information in this publication is the opinion of the author. Neither the author nor the publisher can be held responsible for any damage, injuries, loss or claim arising out of the use, or misuse of information contained in this book.

Cover Design by Avis J. Williams

> "Your purpose in life is to use your gifts and talents to help other people. Your journey in life teaches you how to do that."
>
> — Tom Krause

INTRODUCTION

This is a simple and practical workbook which will help you receive answers to your questions about who you are and discover your life purpose. Many people feel unfulfilled in life and doing things they don't like. Most never really explored their dreams or don't know what their talents or passions are. This workbook guides you to learn about yourself and to discover your talents, passions and true potential that will bring lasting fulfilment. The workbook format is easy to use and includes writing prompts and exercises that will guide you into the depths of who you are and help you express your true self and discover your life purpose.

What you will learn

5 Simple Steps to Finding Your Purpose is divided into five parts.

Part 1: Talents
The chapter uses self-exploration to identify what your possible talents are and find your hidden talents.

Part 2: Passions
The chapter uses self-exploration to identify what your true passions are.

Part 3: Personality
The chapter uses self-exploration to help you understand who you are and what your core values, strengths and weaknesses are.

Part 4: Skills
The chapter looks at what skills you need to develop your talents and passions.

Part 5: Purpose
The chapter looks at how to utilise your talents, passions and skills to discover your purpose. A daily action planner is included for writing goals and personal development tasks and action steps.

WHAT IS YOUR PURPOSE?

Your purpose is the full expression of your inner self. When you know what values you uphold and identify your talents, passions, strengths and weaknesses, your purpose will be revealed to you, and you will be driven by your desire to express your purpose by being of service to others or connecting with something meaningful outside yourself. Everyone has a different "why". The trick is to determine the "why" that fits your inner self.

There are many ways to find your purpose. Introspection is a part of making this discovery, self-explorative questioning, meditation, numerology, dowsing and writing are all potential options. Use every method at your disposal until you're satisfied with the answer you receive. In this workbook, self-reflective questions and writing are used to discover your purpose and to enable you to take consistent action steps towards living your purpose.

introspection will give you a new perspective on yourself and how you want to live your life, be willing and able to challenge yourself, to go beyond your limits, to enable you to grow and to reach your full potential. You may face many challenges in your life that can make you question, who you really are. Being aware of who you are and what you are capable of achieving, will give you the ability to go beyond what may challenge you.

> "The purpose of life is to live it, to taste experience
> to the utmost, to reach out eagerly and without fear
> for newer and richer experience."
> ~Eleanor Roosevelt

HOW TO USE THIS BOOK

To get the best results from this workbook, you need to feel comfortable and relaxed. Followed the guidelines below.

1. Find a quiet place

Find a place where you will not be interrupted and which gives you the space and peace needed to answer the questions in the workbook.

2. Calm your mind

- Close your eyes, look straightforward, make sure your spine is straight and your legs are shoulder-width apart, your feet are flat on the ground, and your palms are facing up on your lap.

- Slowly inhale through the nose (make sure you breathe from your diaphragm), and exhale through the nose, breathing easily and effortlessly, without trying to concentrate. If thoughts enter your mind accept these experiences and let them go and refocus on your breathing. Do this for 5 - 15 minutes or until you feel calm.

3. Write whatever comes to mind

Write quickly and write the first thing that comes to you. You might think, "This is a dumb idea." That's fine. Write it down. Avoid judging any of your thoughts.

4. Empty your mind of your preconceived ideas.

Part of the reason you've been unable to discover the purpose of your life is your erroneous thinking. We limit ourselves far too much. The answers often lie in places we never bother to look. Keep an open mind.

"The infinite intelligence of my subconscious mind
reveals to me my true place in life"
~Joseph Murphy

> "True happiness involves the full use of one's power and talents.
>
> — John W. Gardner"

TALENTS

A talent is a natural attribute that is contained within your being. It could be anything a natural ability, characteristic traits or personality trait. Answer the questions below, use the table as a guideline.

Table of Possible talents:

Intuition	Creative/creativity	Leadership
Communicator	Giving	Teaching
Music	Inspiring	Caring
Supportive/supporting	Integrity / Honesty	Persuasive
Critical Thinking	Listening	Peacemaker
Writer/writing	Innovation	Public Speaking

Answer these questions to identified your talents.

1. What comes naturally to you?

----

2. What are you naturally good at?

----

3. In what areas have you always excelled?

4. What activities can you do easily?

5. What do people complement you on or say that you are good at?

6. What topics and activities came easily to you as a child ?

> "If you can't figure out your purpose, figure out your passion. For your passion will lead you right into your purpose."
>
> Bishop T.D. Jakes

PASSIONS

Passion Is a strong excitement or interest for anything. It is a strong desire or feeling that you get in your stomach or heart that compels you to take action.

Answer these questions to identified your true passions.

1. What activities make me feel joyful?

_____

_____

_____

_____

2. What topics and activities make you lose track of time?

_____

_____

_____

_____

3. What topics and activities interest me?

_____

_____

_____

_____

4. If I could spend today doing whatever I wanted, what would I be doing?

5. What did I enjoy doing as a child?

6. What topics and activities I would like to explore?

7. What's the one thing I've always wanted to do since I was a child ?

8. What do I care intensely about?

9. What do I enjoy doing?

10. When am I the most happy and free?

11. What makes you feel totally alive?

> "Life isn't about finding yourself. Life is about creating yourself."
>
> — George Bernard Shaw

PERSONALITY

A personality can encompass many traits that make up the whole individual. To get a better understanding of your personality do the Myers-Briggs Type Indicator (MBTI) test; it's a psychometric assessment designed to measure psychological preferences in how people perceive the world and make decisions. Take the (MBTI) test at **http://www.16personalities.com**

Answer these questions about yourself. (you can also use the answers from the (MEBTI) personality test.

1. Personality type and short description

2. What are your strengths?

3. What are your weaknesses?

4. What vocations are suited for your personality type?

5. What are your core values?

> "When love and skill work together, expect a masterpiece."
>
> John Ruskin

SKILLS

A skill is a process of learning to become a master at a particular task or activity. Learning new skills is a great way to develop your talents and passions. Answer the questions below, use the table as a guideline.

Table of Possible skills:

Problem Solving	Researching	Leadership
Drawing	Music	Management
Communication	Computer	Writing
Public Specking	Language	Technical
Driving	Negotiation	Design / Art
Sales	Organizational	Marketing

Answer these questions to identified your skills.

1. What skills do you currently have?

---

2. What skills do you need to further develop your talents?

---

3. What skills do you need to further develop your passions?

4. What skills do you need to further develop yourself?

"The only person you are destined to become is
the person you decide to be."
~ Ralph Waldo Emerson

> You were put on this earth to achieve your greatest self, to live out your purpose, and to do it fearlessly
>
> Steve Maraboli

PURPOSE

Make a list of different ways you can use your talents, passions and skills to serve, to help, to educate and to contribute. Think about how others could benefit from your talents, passions and skills.

To figure out which is your purpose, you need to take action, focus on one thing from the list, that you can do right now. Write down what it is.

Write what action you need to take to fulfil that purpose. These actions might be to learn something new, to teach people etc. Then on the next page write an action plan.

MY ACTION PLAN

Write down your goals and the action steps you need to take to fulfil your purpose. You can also write your daily goals and action steps in our 90-day action planner.

GOALS

ACTION STEPS	STATUS	✓
_____	_____	☐
_____	_____	☐
_____	_____	☐
_____	_____	☐
_____	_____	☐

THOUGHTS & REFLECTIONS:

90 DAY DAILY ACTION PLANNER

DATE: _____

TODAY'S GOALS

ACTION STEPS ✓

_____ _____

_____ _____

_____ _____

_____ _____

_____ _____

_____ _____

_____ _____

_____ _____

_____ _____

THOUGHTS & REFLECTIONS:

DATE: _____

TODAY'S GOALS

ACTION STEPS ✓

_____ _____
_____ _____
_____ _____
_____ _____
_____ _____
_____ _____
_____ _____
_____ _____
_____ _____
_____ _____

THOUGHTS & REFLECTIONS:

DATE: _____

TODAY'S GOALS

ACTION STEPS ✓

_____ _____
_____ _____
_____ _____
_____ _____
_____ _____
_____ _____
_____ _____
_____ _____
_____ _____
_____ _____

THOUGHTS & REFLECTIONS:

DATE: _____

TODAY'S GOALS

ACTION STEPS ✓

_____ _____
_____ _____
_____ _____
_____ _____
_____ _____
_____ _____
_____ _____
_____ _____
_____ _____
_____ _____

THOUGHTS & REFLECTIONS:

DATE: _____

TODAY'S GOALS

ACTION STEPS ✓

THOUGHTS & REFLECTIONS:

DATE: _____

TODAY'S GOALS

ACTION STEPS ✓

_____ _____
_____ _____
_____ _____
_____ _____
_____ _____
_____ _____
_____ _____
_____ _____
_____ _____
_____ _____

THOUGHTS & REFLECTIONS:

DATE: _____

TODAY'S GOALS

ACTION STEPS ✓

_____ _____

_____ _____

_____ _____

_____ _____

_____ _____

_____ _____

_____ _____

_____ _____

_____ _____

_____ _____

THOUGHTS & REFLECTIONS:

DATE: _____

TODAY'S GOALS

ACTION STEPS ✓

_____ _____ ☐
_____ _____ ☐
_____ _____ ☐
_____ _____ ☐
_____ _____ ☐
_____ _____ ☐
_____ _____ ☐
_____ _____ ☐
_____ _____ ☐
_____ _____ ☐

THOUGHTS & REFLECTIONS:

DATE: _____

TODAY'S GOALS

ACTION STEPS ✓

_____ _____
_____ _____
_____ _____
_____ _____
_____ _____
_____ _____
_____ _____
_____ _____
_____ _____

THOUGHTS & REFLECTIONS:

DATE: _____

TODAY'S GOALS

ACTION STEPS ✓

_____ _____
_____ _____
_____ _____
_____ _____
_____ _____
_____ _____
_____ _____
_____ _____
_____ _____
_____ _____

THOUGHTS & REFLECTIONS:

DATE: _____

TODAY'S GOALS

ACTION STEPS ✓

_____ _____
_____ _____
_____ _____
_____ _____
_____ _____
_____ _____
_____ _____
_____ _____
_____ _____
_____ _____

THOUGHTS & REFLECTIONS:

DATE: _____

TODAY'S GOALS

ACTION STEPS ✓

_____   _____

_____   _____

_____   _____

_____   _____

_____   _____

_____   _____

_____   _____

_____   _____

_____   _____

_____   _____

THOUGHTS & REFLECTIONS:

DATE: _____

TODAY'S GOALS

ACTION STEPS ✓

_____ _____

_____ _____

_____ _____

_____ _____

_____ _____

_____ _____

_____ _____

_____ _____

_____ _____

THOUGHTS & REFLECTIONS:

DATE: _____

TODAY'S GOALS

ACTION STEPS ✓

_____ _____

_____ _____

_____ _____

_____ _____

_____ _____

_____ _____

_____ _____

_____ _____

_____ _____

_____ _____

THOUGHTS & REFLECTIONS:

DATE: _____

TODAY'S GOALS

ACTION STEPS ✓

_____   _____

_____   _____

_____   _____

_____   _____

_____   _____

_____   _____

_____   _____

_____   _____

_____   _____

_____   _____

THOUGHTS & REFLECTIONS:

DATE: _____

TODAY'S GOALS

ACTION STEPS ✓

_____ _____
_____ _____
_____ _____
_____ _____
_____ _____
_____ _____
_____ _____
_____ _____
_____ _____
_____ _____

THOUGHTS & REFLECTIONS:

DATE: _____

TODAY'S GOALS

ACTION STEPS ✓

THOUGHTS & REFLECTIONS:

DATE: _____

TODAY'S GOALS

ACTION STEPS ✓

_____ _____
_____ _____
_____ _____
_____ _____
_____ _____
_____ _____
_____ _____
_____ _____
_____ _____
_____ _____

THOUGHTS & REFLECTIONS:

DATE: _____

TODAY'S GOALS

ACTION STEPS ✓

_____ _____
_____ _____
_____ _____
_____ _____
_____ _____
_____ _____
_____ _____
_____ _____
_____ _____

THOUGHTS & REFLECTIONS:

DATE: _____

TODAY'S GOALS

ACTION STEPS ✓

_____ _____
_____ _____
_____ _____
_____ _____
_____ _____
_____ _____
_____ _____
_____ _____
_____ _____

THOUGHTS & REFLECTIONS:

DATE: _____

TODAY'S GOALS

ACTION STEPS ✓

_____ _____

_____ _____

_____ _____

_____ _____

_____ _____

_____ _____

_____ _____

_____ _____

_____ _____

_____ _____

THOUGHTS & REFLECTIONS:

DATE: _____

TODAY'S GOALS

ACTION STEPS ✓

_____ _____

_____ _____

_____ _____

_____ _____

_____ _____

_____ _____

_____ _____

_____ _____

_____ _____

_____ _____

THOUGHTS & REFLECTIONS:

DATE: _____

TODAY'S GOALS

ACTION STEPS ✓

THOUGHTS & REFLECTIONS:

DATE: _____

TODAY'S GOALS

ACTION STEPS ✓

_____ _____
_____ _____
_____ _____
_____ _____
_____ _____
_____ _____
_____ _____
_____ _____
_____ _____
_____ _____

THOUGHTS & REFLECTIONS:

DATE: _____

TODAY'S GOALS

ACTION STEPS ✓

_____ _____
_____ _____
_____ _____
_____ _____
_____ _____
_____ _____
_____ _____
_____ _____
_____ _____
_____ _____

THOUGHTS & REFLECTIONS:

DATE: _____

TODAY'S GOALS

ACTION STEPS ✓

_____ _____ ☐
_____ _____ ☐
_____ _____ ☐
_____ _____ ☐
_____ _____ ☐
_____ _____ ☐
_____ _____ ☐
_____ _____ ☐
_____ _____ ☐
_____ _____ ☐

THOUGHTS & REFLECTIONS:

DATE: _____

TODAY'S GOALS

ACTION STEPS ✓

_____ _____

_____ _____

_____ _____

_____ _____

_____ _____

_____ _____

_____ _____

_____ _____

_____ _____

THOUGHTS & REFLECTIONS:

DATE: _____

TODAY'S GOALS

ACTION STEPS ✓

_____ _____
_____ _____
_____ _____
_____ _____
_____ _____
_____ _____
_____ _____
_____ _____
_____ _____
_____ _____

THOUGHTS & REFLECTIONS:

DATE: _____

TODAY'S GOALS

ACTION STEPS ✓

_____ _____
_____ _____
_____ _____
_____ _____
_____ _____
_____ _____
_____ _____
_____ _____
_____ _____
_____ _____

THOUGHTS & REFLECTIONS:

DATE: _____

TODAY'S GOALS

ACTION STEPS ✓

_____ _____
_____ _____
_____ _____
_____ _____
_____ _____
_____ _____
_____ _____
_____ _____
_____ _____
_____ _____

THOUGHTS & REFLECTIONS:

DATE: _____

TODAY'S GOALS

ACTION STEPS ✓

_____ _____

_____ _____

_____ _____

_____ _____

_____ _____

_____ _____

_____ _____

_____ _____

_____ _____

_____ _____

THOUGHTS & REFLECTIONS:

DATE: _____

TODAY'S GOALS

ACTION STEPS ✓

_____ _____

_____ _____

_____ _____

_____ _____

_____ _____

_____ _____

_____ _____

_____ _____

_____ _____

THOUGHTS & REFLECTIONS:

DATE: _____

TODAY'S GOALS

ACTION STEPS ✓

_____ _____

_____ _____

_____ _____

_____ _____

_____ _____

_____ _____

_____ _____

_____ _____

_____ _____

_____ _____

THOUGHTS & REFLECTIONS:

DATE: _____

TODAY'S GOALS

ACTION STEPS ✓

_____ _____
_____ _____
_____ _____
_____ _____
_____ _____
_____ _____
_____ _____
_____ _____
_____ _____
_____ _____

THOUGHTS & REFLECTIONS:

DATE: _____

TODAY'S GOALS

ACTION STEPS ✓

THOUGHTS & REFLECTIONS:

DATE: _____

TODAY'S GOALS

ACTION STEPS ✓

_____   _____

_____   _____

_____   _____

_____   _____

_____   _____

_____   _____

_____   _____

_____   _____

_____   _____

THOUGHTS & REFLECTIONS:

DATE: _____

TODAY'S GOALS

ACTION STEPS ✓

_____ _____

_____ _____

_____ _____

_____ _____

_____ _____

_____ _____

_____ _____

_____ _____

_____ _____

THOUGHTS & REFLECTIONS:

DATE: _____

TODAY'S GOALS

ACTION STEPS ✓

_____ _____

_____ _____

_____ _____

_____ _____

_____ _____

_____ _____

_____ _____

_____ _____

_____ _____

_____ _____

THOUGHTS & REFLECTIONS:

DATE: _____

TODAY'S GOALS

ACTION STEPS ✓

_____ _____

_____ _____

_____ _____

_____ _____

_____ _____

_____ _____

_____ _____

_____ _____

_____ _____

_____ _____

THOUGHTS & REFLECTIONS:

DATE: _____

TODAY'S GOALS

ACTION STEPS ✓

_____   _____
_____   _____
_____   _____
_____   _____
_____   _____
_____   _____
_____   _____
_____   _____
_____   _____
_____   _____

THOUGHTS & REFLECTIONS:

DATE: _____

TODAY'S GOALS

ACTION STEPS ✓

_____ _____
_____ _____
_____ _____
_____ _____
_____ _____
_____ _____
_____ _____
_____ _____
_____ _____
_____ _____

THOUGHTS & REFLECTIONS:

DATE: _____

TODAY'S GOALS

ACTION STEPS ✓

_____ _____

_____ _____

_____ _____

_____ _____

_____ _____

_____ _____

_____ _____

_____ _____

_____ _____

_____ _____

THOUGHTS & REFLECTIONS:

DATE: _____

TODAY'S GOALS

ACTION STEPS ✓

THOUGHTS & REFLECTIONS:

DATE: _____

TODAY'S GOALS

ACTION STEPS ✓

_____ _____

_____ _____

_____ _____

_____ _____

_____ _____

_____ _____

_____ _____

_____ _____

_____ _____

THOUGHTS & REFLECTIONS:

DATE: _____

TODAY'S GOALS

ACTION STEPS ✓

_____ _____

_____ _____

_____ _____

_____ _____

_____ _____

_____ _____

_____ _____

_____ _____

_____ _____

_____ _____

THOUGHTS & REFLECTIONS:

DATE: _____

TODAY'S GOALS

ACTION STEPS ✓

_____   _____
_____   _____
_____   _____
_____   _____
_____   _____
_____   _____
_____   _____
_____   _____
_____   _____
_____   _____

THOUGHTS & REFLECTIONS:

DATE: _____

TODAY'S GOALS

ACTION STEPS ✓

_____ _____
_____ _____
_____ _____
_____ _____
_____ _____
_____ _____
_____ _____
_____ _____
_____ _____
_____ _____

THOUGHTS & REFLECTIONS:

DATE: _____

TODAY'S GOALS

ACTION STEPS ✓

_____ _____
_____ _____
_____ _____
_____ _____
_____ _____
_____ _____
_____ _____
_____ _____
_____ _____
_____ _____

THOUGHTS & REFLECTIONS:

DATE: _____

TODAY'S GOALS

ACTION STEPS ✓

THOUGHTS & REFLECTIONS:

DATE: _____

TODAY'S GOALS

ACTION STEPS ✓

_____ _____ ☐
_____ _____ ☐
_____ _____ ☐
_____ _____ ☐
_____ _____ ☐
_____ _____ ☐
_____ _____ ☐
_____ _____ ☐
_____ _____ ☐
_____ _____ ☐

THOUGHTS & REFLECTIONS:

DATE: _____

TODAY'S GOALS

ACTION STEPS ✓

_____ _____
_____ _____
_____ _____
_____ _____
_____ _____
_____ _____
_____ _____
_____ _____
_____ _____
_____ _____

THOUGHTS & REFLECTIONS:

DATE: _____

TODAY'S GOALS

ACTION STEPS ✓

_____ _____
_____ _____
_____ _____
_____ _____
_____ _____
_____ _____
_____ _____
_____ _____
_____ _____
_____ _____

THOUGHTS & REFLECTIONS:

DATE: _____

TODAY'S GOALS

ACTION STEPS ✓

_____ _____
_____ _____
_____ _____
_____ _____
_____ _____
_____ _____
_____ _____
_____ _____
_____ _____
_____ _____

THOUGHTS & REFLECTIONS:

DATE: _____

TODAY'S GOALS

ACTION STEPS ✓

_____ _____
_____ _____
_____ _____
_____ _____
_____ _____
_____ _____
_____ _____
_____ _____
_____ _____

THOUGHTS & REFLECTIONS:

DATE: _____

TODAY'S GOALS

ACTION STEPS ✓

_____ _____
_____ _____
_____ _____
_____ _____
_____ _____
_____ _____
_____ _____
_____ _____
_____ _____
_____ _____

THOUGHTS & REFLECTIONS:

DATE: _____

TODAY'S GOALS

ACTION STEPS ✓

_____ _____
_____ _____
_____ _____
_____ _____
_____ _____
_____ _____
_____ _____
_____ _____
_____ _____
_____ _____

THOUGHTS & REFLECTIONS:

DATE: _____

TODAY'S GOALS

ACTION STEPS ✓

_____ _____
_____ _____
_____ _____
_____ _____
_____ _____
_____ _____
_____ _____
_____ _____
_____ _____
_____ _____

THOUGHTS & REFLECTIONS:

DATE: _____

TODAY'S GOALS

ACTION STEPS ✓

_____   _____ ☐
_____   _____ ☐
_____   _____ ☐
_____   _____ ☐
_____   _____ ☐
_____   _____ ☐
_____   _____ ☐
_____   _____ ☐
_____   _____ ☐
_____   _____ ☐

THOUGHTS & REFLECTIONS:

DATE: _____

TODAY'S GOALS

ACTION STEPS ✓

_____ _____
_____ _____
_____ _____
_____ _____
_____ _____
_____ _____
_____ _____
_____ _____
_____ _____
_____ _____

THOUGHTS & REFLECTIONS:

DATE: _____

TODAY'S GOALS

ACTION STEPS ✓

_____ _____
_____ _____
_____ _____
_____ _____
_____ _____
_____ _____
_____ _____
_____ _____
_____ _____

THOUGHTS & REFLECTIONS:

DATE: _____

TODAY'S GOALS

ACTION STEPS ✓

_____ _____

_____ _____

_____ _____

_____ _____

_____ _____

_____ _____

_____ _____

_____ _____

_____ _____

_____ _____

THOUGHTS & REFLECTIONS:

DATE: _____

TODAY'S GOALS

ACTION STEPS ✓

_____ _____
_____ _____
_____ _____
_____ _____
_____ _____
_____ _____
_____ _____
_____ _____
_____ _____
_____ _____

THOUGHTS & REFLECTIONS:

DATE: _____

TODAY'S GOALS

ACTION STEPS ✓

_____ _____
_____ _____
_____ _____
_____ _____
_____ _____
_____ _____
_____ _____
_____ _____
_____ _____
_____ _____

THOUGHTS & REFLECTIONS:

DATE: _____

TODAY'S GOALS

ACTION STEPS ✓

_____ _____
_____ _____
_____ _____
_____ _____
_____ _____
_____ _____
_____ _____
_____ _____
_____ _____
_____ _____

THOUGHTS & REFLECTIONS:

DATE: _____

TODAY'S GOALS

ACTION STEPS ✓

_____ _____
_____ _____
_____ _____
_____ _____
_____ _____
_____ _____
_____ _____
_____ _____
_____ _____
_____ _____

THOUGHTS & REFLECTIONS:

DATE: _____

TODAY'S GOALS

ACTION STEPS ✓

_____ _____

_____ _____

_____ _____

_____ _____

_____ _____

_____ _____

_____ _____

_____ _____

_____ _____

THOUGHTS & REFLECTIONS:

DATE: _____

TODAY'S GOALS

ACTION STEPS ✓

_____ _____

_____ _____

_____ _____

_____ _____

_____ _____

_____ _____

_____ _____

_____ _____

_____ _____

THOUGHTS & REFLECTIONS:

DATE: _____

TODAY'S GOALS

ACTION STEPS ✓

_____ _____
_____ _____
_____ _____
_____ _____
_____ _____
_____ _____
_____ _____
_____ _____
_____ _____
_____ _____

THOUGHTS & REFLECTIONS:

DATE: _____

TODAY'S GOALS

ACTION STEPS ✓

_____   _____
_____   _____
_____   _____
_____   _____
_____   _____
_____   _____
_____   _____
_____   _____
_____   _____

THOUGHTS & REFLECTIONS:

DATE: _____

TODAY'S GOALS

ACTION STEPS ✓

THOUGHTS & REFLECTIONS:

DATE: _____

TODAY'S GOALS

ACTION STEPS ✓

_____ _____

_____ _____

_____ _____

_____ _____

_____ _____

_____ _____

_____ _____

_____ _____

_____ _____

_____ _____

THOUGHTS & REFLECTIONS:

DATE: _____

TODAY'S GOALS

ACTION STEPS ✓

_____ _____

_____ _____

_____ _____

_____ _____

_____ _____

_____ _____

_____ _____

_____ _____

_____ _____

_____ _____

THOUGHTS & REFLECTIONS:

DATE: _____

TODAY'S GOALS

ACTION STEPS ✓

_____ _____
_____ _____
_____ _____
_____ _____
_____ _____
_____ _____
_____ _____
_____ _____
_____ _____
_____ _____

THOUGHTS & REFLECTIONS:

DATE: _____

TODAY'S GOALS

ACTION STEPS ✓

THOUGHTS & REFLECTIONS:

DATE: _____

TODAY'S GOALS

ACTION STEPS ✓

_____ _____

_____ _____

_____ _____

_____ _____

_____ _____

_____ _____

_____ _____

_____ _____

_____ _____

_____ _____

THOUGHTS & REFLECTIONS:

DATE: _____

TODAY'S GOALS

ACTION STEPS ✓

_____ _____
_____ _____
_____ _____
_____ _____
_____ _____
_____ _____
_____ _____
_____ _____
_____ _____

THOUGHTS & REFLECTIONS:

DATE: _____

TODAY'S GOALS

ACTION STEPS ✓

_____ _____
_____ _____
_____ _____
_____ _____
_____ _____
_____ _____
_____ _____
_____ _____
_____ _____
_____ _____

THOUGHTS & REFLECTIONS:

DATE: _____

TODAY'S GOALS

ACTION STEPS ✓

_____ _____

_____ _____

_____ _____

_____ _____

_____ _____

_____ _____

_____ _____

_____ _____

_____ _____

THOUGHTS & REFLECTIONS:

DATE: _____

TODAY'S GOALS

ACTION STEPS ✓

_____ _____
_____ _____
_____ _____
_____ _____
_____ _____
_____ _____
_____ _____
_____ _____
_____ _____
_____ _____

THOUGHTS & REFLECTIONS:

DATE: _____

TODAY'S GOALS

ACTION STEPS ✓

_____ _____
_____ _____
_____ _____
_____ _____
_____ _____
_____ _____
_____ _____
_____ _____
_____ _____
_____ _____

THOUGHTS & REFLECTIONS:

DATE: _____

TODAY'S GOALS

ACTION STEPS ✓

_____   _____

_____   _____

_____   _____

_____   _____

_____   _____

_____   _____

_____   _____

_____   _____

_____   _____

_____   _____

THOUGHTS & REFLECTIONS:

DATE: _____

TODAY'S GOALS

ACTION STEPS ✓

_____ _____
_____ _____
_____ _____
_____ _____
_____ _____
_____ _____
_____ _____
_____ _____
_____ _____
_____ _____

THOUGHTS & REFLECTIONS:

DATE: _____

TODAY'S GOALS

ACTION STEPS ✓

_____ _____
_____ _____
_____ _____
_____ _____
_____ _____
_____ _____
_____ _____
_____ _____
_____ _____
_____ _____

THOUGHTS & REFLECTIONS:

DATE: _____

TODAY'S GOALS

ACTION STEPS ✓

_____ _____ ☐

_____ _____ ☐

_____ _____ ☐

_____ _____ ☐

_____ _____ ☐

_____ _____ ☐

_____ _____ ☐

_____ _____ ☐

_____ _____ ☐

_____ _____ ☐

THOUGHTS & REFLECTIONS:

DATE: _____

TODAY'S GOALS

ACTION STEPS ✓

_____ _____

_____ _____

_____ _____

_____ _____

_____ _____

_____ _____

_____ _____

_____ _____

_____ _____

_____ _____

THOUGHTS & REFLECTIONS:

DATE: _____

TODAY'S GOALS

ACTION STEPS ✓

_____ _____ ☐

_____ _____ ☐

_____ _____ ☐

_____ _____ ☐

_____ _____ ☐

_____ _____ ☐

_____ _____ ☐

_____ _____ ☐

_____ _____ ☐

THOUGHTS & REFLECTIONS:

DATE: _____

TODAY'S GOALS

ACTION STEPS ✓

_____ _____
_____ _____
_____ _____
_____ _____
_____ _____
_____ _____
_____ _____
_____ _____
_____ _____
_____ _____

THOUGHTS & REFLECTIONS:

DATE: _____

TODAY'S GOALS

ACTION STEPS ✓

_____   _____
_____   _____
_____   _____
_____   _____
_____   _____
_____   _____
_____   _____
_____   _____
_____   _____

THOUGHTS & REFLECTIONS:

DATE: _____

TODAY'S GOALS

ACTION STEPS ✓

_____ _____
_____ _____
_____ _____
_____ _____
_____ _____
_____ _____
_____ _____
_____ _____
_____ _____
_____ _____

THOUGHTS & REFLECTIONS:

DATE: _____

TODAY'S GOALS

ACTION STEPS ✓

_____ _____
_____ _____
_____ _____
_____ _____
_____ _____
_____ _____
_____ _____
_____ _____
_____ _____

THOUGHTS & REFLECTIONS:

DATE: _____

TODAY'S GOALS

ACTION STEPS ✓

_____   _____

_____   _____

_____   _____

_____   _____

_____   _____

_____   _____

_____   _____

_____   _____

_____   _____

_____   _____

THOUGHTS & REFLECTIONS:

DATE: _____

TODAY'S GOALS

ACTION STEPS ✓

_____ _____

_____ _____

_____ _____

_____ _____

_____ _____

_____ _____

_____ _____

_____ _____

_____ _____

_____ _____

THOUGHTS & REFLECTIONS:

DATE: _____

TODAY'S GOALS

ACTION STEPS ✓

_____ _____
_____ _____
_____ _____
_____ _____
_____ _____
_____ _____
_____ _____
_____ _____
_____ _____
_____ _____

THOUGHTS & REFLECTIONS:

DATE: _____

TODAY'S GOALS

ACTION STEPS ✓

_____ _____
_____ _____
_____ _____
_____ _____
_____ _____
_____ _____
_____ _____
_____ _____
_____ _____

THOUGHTS & REFLECTIONS:

FURTHER RESOURCES

Marsden, Blue, Soul Plan: Reconnect with Your True Life Purpose, London: Hay House, 2013

Numerology: Discover Your Future, Life Purpose and Destiny from Your Birth Date and Name (Hay House Basics)

Hess, Andrea, Unlock Your Intuition, Arizona: Soul Star Publishing, 2007

16 Personalities. Free Personality Type Test Available from: https://www.16personalities.com [Accessed 27 October 2018]

The Myers Briggs Foundation. MBTI Personality Types Available from: http://www.myersbriggs.org [Accessed 27 October 2018]

Similar Minds. Free Personality Tests Available from: http://similarminds.com/personality_tests_index.html [Accessed 27 October 2018]

ABOUT AUTHOR

Avis J. Williams is a personal development advisor and spiritual practitioner. She has trained in meditation, counselling, spiritual and psychic development. She shares her spiritual and personal development practices, to help others expand their consciousness and move towards personal transformation.

Connect with Avis J. Williams at:
www.aviswilliams.com

Made in the USA
Coppell, TX
10 September 2021